¿QUÉ VENDRÁ DESPUÉS DEL CAPITALISMO?

¿QUÉ VENDRÁ DESPUÉS DEL CAPITALISMO?

YANIS VAROUFAKIS

TRADUCCIÓN DE PAULA VASILE

tni transnationalinstitute
INTERNACIONAL PROGRESISTA
CLACSO

CLACSO

Consejo Latinoamericano
de Ciencias Sociales

Conselho Latino-americano
de Ciências Sociais

CLACSO Secretaría Ejecutiva

Karina Batthyány - Secretaria Ejecutiva
Nicolás Arata - Director de Formación y Producción Editorial

Equipo Editorial

María Fernanda Pampín - Directora Adjunta de Publicaciones
Lucas Sablich - Coordinador Editorial
María Leguizamón - Gestión Editorial
Nicolás Sticotti - Fondo Editorial

Paula Vasile - Traducción
Pablo Amadeo - Dirección de arte y diseño editorial

Varoufakis, Yanis
¿Qué vendrá después del capitalismo? / Yanis Varoufakis; prólogo de Andrés Arau
- 1a ed. - Ciudad Autónoma de Buenos Aires: CLACSO;
Amsterdam: TNI - Transnational Institute, 2020.
54 p. ; 17 x 11 cm. - (Masa crítica)

Traducción de: María Paula Vasile.
ISBN 978-987-722-760-4

1. Capitalismo. 2. Crisis Social. I. Arauz, Andrés, prolog. II. Vasile, María Paula, tra
III. Título.
CDD 306.342

CLACSO
Estados Unidos 1168 | C1023AAB CABA | Argentina
Tel [54 11] 4304 9145 | Fax [54 11] 4305 0875
clacso@clacsoinst.edu.ar | www.clacso.org

Este libro se realizó con el apoyo de **Transnational Institute**

tni
transnationalinstitute

NOTA EDITORIAL

Un mundo que atraviesa un tiempo de intensas transformaciones requiere ser pensado en sus asuntos más acuciantes: las múltiples formas en que se ejerce la violencia, el incesante aumento de la desigualdad, los daños al ambiente y a los seres que habitan la Tierra, la violación de los derechos humanos, la militarización de los territorios o el impacto de una pandemia sobre el tejido social, especialmente en sus sectores más vulnerables.

Lejos de documentar el pesimismo, aspiramos a construir herramientas teóricas para transformar las situaciones de injusticia en un ejercicio incesante que liga la teoría con la práctica.

El **Consejo Latinoamericano de Ciencias Sociales**, con el apoyo del **Transnational Institute**, pone a disposición de las y los lectores una nueva colección de textos breves con los cuales esperamos contribuir a entablar diálogos tanto en torno a nuevos y viejos interrogantes, como a la búsqueda de respuestas originales a los problemas de nuestro tiempo.

La ***biblioteca masa crítica*** reúne a intelectuales que, desde una diversidad de perspectivas y tradiciones teóricas, han contribuido a la forja del pensamiento crítico enlazando reflexiones sobre tópicos y dilemas de nuestro presente histórico.

índice

PRESENTACIÓN

ANDRÉS ARAUZ*

* Economista y candidato a presidente de Ecuador.

Las ideas y la visión del economista y ex-ministro de finanzas de Grecia, Yanis Varoufakis, son conocidas en América Latina través de diversos libros, entre los que destacan *Comportarse como adultos, Un plan para Europa, El Minotauro global* y el más reciente *Another Now.* Asimismo, su figura política ha trascendido a partir de su gestión cuando fue Ministro de Economía del gobierno griego, en julio de 2015, como crítica a las duras medidas de ajuste impuestas al pueblo de Grecia –ya sumergido en una profunda hecatombe económica– por la Comisión Europea, el Banco Central Europeo y el Fondo Monetario Internacional. Desde su visión como economista, Varoufakis reflexiona sobre la crisis del capitalismo y ha participado en numerosos debates sobre el modo en que las crisis económicas han afectado a Europa y al euro; en particular, sus últimos trabajos se centran en el significado de la crisis económica mundial que estalla en 2008.

Varoufakis ha alcanzado una mayor presencia en la actualidad, con el lanzamiento de la Internacional Progresista en mayo de 2020. Una iniciativa planetaria que se propone la misión de unir, organizar y movilizar a las fuerzas progresistas en todo el mundo. En la Cumbre Inaugural de septiembre, que ha convocado a participantes del Norte y del Sur, para afrontar lo que consideramos el dilema central de nuestro tiempo –*Internacionalismo o Extinción*– expuso su visión sobre la situación internacional, un diagnóstico de la crisis planetaria y algunas propuestas superadoras. La Cumbre fue convocada de urgencia, en medio de la grave situación sanitaria causada por la pandemia del Covid-19, que para septiembre registraba alrededor de 30 millones de personas infectadas y había causado cerca de un millón de muertes en el mundo. Una crisis sanitaria sin precedentes, que muestra en toda su crudeza y agudiza en Occidente –tanto en los países centrales como en los periféricos– el rotundo fracaso de las políticas neoliberales y del proceso de globalización, impuestos en el transcurso de los últimos 40 años. Junto a Varoufakis, el lingüista y filósofo estadounidense Noam Chomsky y la periodista

Naomi Klein, los integrantes del Consejo de la Internacional Progresista coincidimos en afirmar que afrontamos la confluencia de diversas crisis, que han adquirido una magnitud sin precedentes: una grave crisis económico-social, que se conjuga con las amenazas del calentamiento global y la creciente degradación de las democracias, tanto en el Norte como en el Sur. Ante este escenario, donde está en riesgo la supervivencia de la parte más vulnerable de la especie humana en el planeta, la propuesta del economista griego nos convoca a reflexionar junto a Gustavo Petro, Álvaro García Linera, Fernando Haddad, Rafael Correa, Celso Amorim, Srećko Horvat, Gael García Bernal, Alicia Castro y Elizabeth Gómez Alcorta, entre otros, acerca de los posibles caminos de superación de estas crisis y de solución a los graves problemas que enfrentamos.

En el panel inicial de la Cumbre, Yanis Varoufakis convocó a reflexionar sobre "¿Qué vendrá después del capitalismo?", que fue comentada por los referentes Vijay Prashad, Ece Temelkuran, Nick Estes y Lyn Ossome. Varoufakis afirma que los fascistas y los banqueros tienen un programa unificado, tanto para Grecia como para Ecuador, Europa, América Latina y el resto del mundo: los grupos financieros concentrados, que conforman el internacionalismo reaccionario y conservador, tienen un plan global común, coherente y coordinado a nivel mundial. Es por ello que, del mismo modo, el movimiento progresista a nivel internacional también necesita un programa y una narrativa común, un discurso con una misma voz humanista y programática en todo el mundo. Desde esta concepción, afirma que en la actual crisis del capitalismo, hacia el final de la pandemia, se está configurando en el horizonte un escenario de pos-capitalismo; y el gran interrogante es si la economía pos-capitalista será autoritaria y oligárquica o democrática y social.

A pesar de la manipulación de las conciencias y las operaciones mediáticas y de *Lawfare*, que facilitaron el triunfo de fuerzas de derecha con un importante consenso social, en América Latina la aplicación de las políticas exigidas por los grupos de poder económico- financieros e instituciones como el FMI, redundaron en los últimos años en el debilitamiento de esas opciones políticas. En México, Peña Nieto fue derrotado por López Obrador en 2018; en 2019, la fórmula presidencial de Alberto Fernández y

Cristina Fernández de Kirchner se impuso sobre las aspiraciones de renovación de Mauricio Macri en Argentina. En octubre de 2020, los candidatos de derecha en Bolivia fueron derrotados por Luis Arce y David Choquehuanca. En Chile se ha logrado una contundente victoria popular sobre el modelo conservador de Piñera, que con características propias garantizó la continuidad de las políticas impuestas por la Constitución de la dictadura de Augusto Pinochet.

Las reflexiones de Varoufakis y su experiencia acerca del comportamiento del Fondo Monetario Internacional durante la grave crisis de Grecia, junto con la experiencia reciente de sometimiento del gobierno actual del Ecuador al FMI, son especialmente valiosas para quienes aspiramos a ofrecer al pueblo ecuatoriano una alternativa de gobierno y una propuesta de sociedad justa e igualitaria. Redactamos estas notas sobre el pensamiento de Varoufakis y las propuestas de la Internacional Progresista con plena conciencia de la responsabilidad que supone la posibilidad de asumir la conducción del gobierno de Ecuador. Las críticas del economista griego a las políticas del FMI y los capitales especulativos aplican en Ecuador al candidato presidencial banquero multimillonario y representante de las fuerzas de derecha en nuestro país, que pretenden someter al Ecuador a una crisis permanente para aplicar la doctrina del shock neoliberal de forma incesante.

Otro aspecto central de la Internacional Progresista señalado por Varoufakis es la construcción de lazos de solidaridad internacional, que en nuestro caso fueron fundamentales a la hora de denunciar la persecución política y judicial en Ecuador a referentes de la oposición. Ante los permanentes obstáculos y el acoso judicial a la presentación de nuestro Binomio de la Esperanza, fue determinante la gran movilización ciudadana del pueblo ecuatoriano y el apoyo de la comunidad internacional, para garantizar nuestro derecho a participar en las próximas elecciones. La IP envió una Carta al Consejo Nacional Electoral del Ecuador mostrando su preocupación ante el riesgo de una proscripción que pretendía impedir la participación electoral de la fórmula Arauz-Rabascall. Esta proscripción hubiera constituido una violación a la ley de Ecuador, a los derechos fundamentales del pueblo ecuatoriano a elegir y ser elegidos y una ruptura de los estándares democráticos que rigen el Derecho Internacional.

Esta solidaridad internacional también fue manifestada a nivel mundial en otros países, ante la brutal represión de los carabineros en Chile; la escalada de violencia en Colombia; la violación de los derechos humanos en Turquía; la defensa del Movimiento por los Derechos a la Tierra del Pueblo de Zimbabue; el apoyo a los movimientos climáticos en África; y acompañando el movimiento *Black Live Matters*, entre tantas otras iniciativas. Recientemente, la Internacional Progresista promovió el Tribunal de Belmarsh en solidaridad con el periodista Julian Assange, impulsando la lucha por la verdad y la justicia contra el ilegítimo pedido de extradición a los Estados Unidos. En el evento participaron, entre otros, Roger Waters, Luis Inácio "Lula" da Silva, Yanis Varoufakis, Rafael Correa, Slavoj Zizek, Pamela Anderson, Srecko Horvat, Alicia Castro, John McDonnell, Jennifer Robinson y Angela Richter.

Ante la crisis climática provocada por el calentamiento global, Varoufakis plantea que los nuevos liderazgos progresistas en todo el mundo deben trabajar la idea de un *Green New Deal* internacional; un Nuevo Acuerdo Verde que promueva la transición hacia energías renovables. La propuesta contempla una total transformación de la matriz energética, que reemplace el consumo de combustibles fósiles por energías limpias; una nueva matriz que esté en sintonía con la creación de empleo y el cuidado de la Casa Común, como plantea el Papa Francisco en su Encíclica "Laudato Si". Junto con Renata Ávila, participante activa de la Internacional Progresista, planteamos la descolonización del Nuevo Acuerdo Verde, que tome en cuenta las realidades del Sur.

Con respecto al financiamiento del Nuevo Acuerdo Verde, Varoufakis proyecta un costo de al menos 8 trillones de dólares anuales, para lo cual se necesitarán crear, visualizar y planificar, instituciones que coordinen los diversos trabajos y distribuyan los costos y los beneficios entre el Norte global y el Sur global. Este es el escenario y el diagnóstico a partir del cual nos convoca a mirar más allá del capitalismo y a trabajar en la planificación de un pos-capitalismo humanista y decente. Un pos-capitalismo que contenga componentes de justicia social y justicia ambiental, en tanto el proyecto del *Green New Deal* aborda simultáneamente la crisis climática y ecológica provocada por el calentamiento global, con el problema de la desigualdad social y económica, predominante en el mundo. El costo puede ser cubierto con emisiones extraordinarias de Derechos Especiales de Giro, aspecto que incluso la Secretaría de la Conferencia de Naciones Unidas para el Comercio y Desarrollo ha acogido recientemente. Con esta perspectiva, propone la necesidad de luchar mancomunadamente, entrelazando las luchas de los movimientos progresistas de las distintas regiones del mundo en un frente común y formular propuestas para la construcción de un mundo diferente. Una organización coordinada a nivel global y una suma de voluntades expresadas y sintetizadas en el trabajo de la Internacional Progresista, ante el avance de las derechas, la concentración de la riqueza, los desafíos del calentamiento global y la necesidad de recuperación de nuestras democracias.

Me dio un enorme agrado ver que Varoufakis ha acogido la propuesta revolucionaria ya probada en el Ecuador liderado por un progresista comprometido como Rafael Correa de abrir una cuenta de dinero electrónico para cada ciudadano. Varoufakis la potencia aún más proponiendo un mecanismo de redistribución. Varoufakis también propone la regulación a los capitales,

para evitar que los escasos recursos del Sur se pierdan en el vacío de las cuentas *offshore* de los paraísos fiscales mientras esa fuga causa crisis que afectan a las mayorías. Este debate ha sido crucial en el Ecuador y estas propuestas se verán pronto en marcha en mi país.
Ante estos desafíos de un horizonte pos-capitalista posible, debemos redoblar nuestros esfuerzos para desarrollar las propuestas transformadoras y consolidar desde los espacios progresistas alrededor del mundo la alternativa democrática y participativa. Cuando Varoufakis señala que capitalismo no es compatible con la supervivencia humana, se refiere a un modelo de concentración de la riqueza y depredación de la Madre Naturaleza, cuyo ritmo de destrucción y contaminación ha alcanzado magnitudes inéditas. En todo el mundo se presenta el dilema de estas dos tendencias: la del modelo de lo que Varoufakis denomina los autoritarismos gemelos que pretende dejar sin opciones políticas verdaderamente democráticas a las mayorías sociales –muchas veces a través de la manipulación de la justicia y el control de los medios de concentrados de comunicación– para poder profundizar el proceso de extracción de recur-

sos, concentración de poder y riqueza sin medir las consecuencias ambientales y sociales de la depredación. Ante esta alternativa, anteponemos la opción de construir propuestas progresistas, populares, democráticas y participativas que permitan revertir las consecuencias negativas que el neoliberalismo ha producido en nuestras sociedades y en nuestra Casa Común.

En América Latina tenemos una gran oportunidad para continuar trabajando el modelo democrático y la integración de los gobiernos progresistas de la región. En ese contexto, el 7 de febrero de 2021 será nuestra elección presidencial en Ecuador, donde adquiere especial relevancia el protagonismo y la conciencia de un pueblo que está decidido a ser protagonista de su destino, como viene sucediendo en los recientes casos de la elección presidencial de Bolivia y el plebiscito de Chile para una nueva constitución. Estas notas y estas reflexiones nos permiten profundizar nuestra comprensión de los procesos que estamos viviendo y de la importancia histórica de la construcción de nuestras alternativas: de lo que hagamos ahora depende nuestro futuro y el de las nuevas generaciones.

De cara a las próximas elecciones en Ecuador, adquiere también gran relevancia la solidaridad internacional y, fundamentalmente, el rol de los observadores internacionales en los procesos eleccionarios para garantizar transparencia, como fue el caso de la veeduría en la elección presidencial en el Estado Plurinacional de Bolivia, que resultó con el triunfo de Luis Arce y Davi Choquehuanca. Dicha participación, que contó con la presencia de organizaciones como la Internacional Progresista, el Parlasur, la Coppal y la Fundación Carter, entre otras, logró evitar episodios de fraude como el promovido por actores dentro de la OEA en la elección anterior, que derivó en el golpe de Estado. También en Ecuador será fundamental la presencia de observadores internacionales para garantizar que en las próximas elecciones presidenciales los poderes fácticos y la élite financiera respeten la democracia.

Internacionalismo o extinción. Los progresistas no dejaremos de luchar juntos en nuestra Casa Común porque la extinción no será total sino la de los más vulnerables. Varoufakis nos ha mostrado que sí hay vida después del capitalismo. Gracias Yanis por tu convicción internacionalista y por tus propuestas progresistas.

¿Qué vendrá después del capitalismo?

La pregunta que plantearé hoy tiene dos ejes. El primero es ¿por qué y para qué necesitamos una Internacional Progresista? Y la segunda parte de la misma pregunta es ¿por qué la Internacional Progresista necesita pensar en un poscapitalismo?

La era en la que vivimos será recordada por la marcha triunfal de un autoritarismo gemelo bajo el que la mayor parte de la humanidad experimenta dificultades innecesarias y el ecosistema del planeta sufre un cambio climático evitable.

Pero quiero ir un poco más atrás en el tiempo. Durante un breve período, lo que Eric Hobsbawm describió como el corto siglo XX, las fuerzas del *establishment* se unieron para hacer frente a los desafíos de una variedad de progresistas que buscaban cambiar el mundo. Quizá recuerden que fueron los socialdemócratas originales quienes buscaron redistribuir el poder entre el capital y los trabajadores dentro del capitalismo, por ejemplo, los regímenes vinculados a la Unión Soviética experimentaron con modos de producción no capitalistas pero centralizados, Yugoslavia se esforzó por alcanzar la autogestión, hubo movimientos de liberación nacional en África y Asia y surgió el partido verde radical original en lugares como Alemania occidental.

En ese entonces, el *establishment* estaba unido contra todos esos progresistas que desafiaban la autoridad. Crecí en Atenas bajo una dictadura fascista de derecha que fue instigada por Estados Unidos durante el gobierno de Lyndon Johnson. Paradójicamente, los gobiernos más progresistas de los Estados Unidos en lo que respecta a la política interna, la sociedad en general y los movimientos de derechos civiles fueron, sin embargo, los que no dudaron en apuntalar a los fascistas en Grecia o en bombardear Vietnam. De hecho,

lo que ahora llamamos el establishment liberal utilizó a fascistas y déspotas locales libremente para establecer el llamado estilo de vida occidental.

El miedo y el aborrecimiento al populismo de derecha que podemos encontrar hoy en cada página del *New York Times* no existía en ese entonces. El *establishment* liberal solo retrató como enemigos de la libertad a los progresistas, nunca a los monstruos como Papadopoulos o Pinochet.

La situación cambió notablemente después de 2008, el año en que el sistema financiero occidental se derrumbó. Tras veinticinco años de financiarización, bajo el manto de una ideología llamada neoliberalismo, el capitalismo global atravesó una crisis similar a la de 1929 que lo puso prácticamente de rodillas. La reacción inmediata fue utilizar las imprentas de los bancos centrales, pero también transferir las enormes pérdidas bancarias a los ciudadanos más débiles de todo el mundo con el fin de reavivar las instituciones financieras y los mercados. Esta combinación de socialismo para unos pocos y de estricta austeridad para las masas generó dos reacciones.

En primer lugar, redujo la inversión real a nivel mundial (las empresas podían ver que las masas no tenían dinero para comprar sus productos, por lo que no invirtieron). Al mismo tiempo, las imprentas de los bancos centrales produjeron enormes cantidades de efectivo, lo que dio liquidez principalmente a los ricos. El resultado fue, por un lado, el descontento de la mayoría y, por el otro, estupendas riquezas para la oligarquía.

En segundo lugar, propició el surgimiento de movimientos progresistas, levantamientos, como el movimiento *Occupy Wall Street* en Estados Unidos y Gran Bretaña, los "indignados" en España y los *aganaktismeni* aquí en Grecia, y diversas fuerzas de izquierda que llegaron a manos de algunos líderes políticos en América Latina. Pero el *establishment* logró aplacarlos de manera eficiente y directa (por ejemplo, el aplastamiento de la Primavera Griega en el verano de 2015) o indirecta por medio del estancamiento del capitalismo global (por ejemplo, recordemos los regímenes progresistas latinoamericanos que fueron socavados cuando la demanda china de sus exportaciones colapsó debido al desequilibrio entre el ahorro global y la inversión global).

Debido a que las causas progresistas fueron silenciadas una a una, el descontento de las masas tuvo que encontrar una forma de expresión. Fue entonces cuando surgió un período de guerra posmoderna que imitó el ascenso de Mussolini, quien prometió cuidar a los más débiles y hacerlos sentir orgullosos de ser italianos.

Nuestra generación fue testigo de lo que yo llamo el ascenso de la internacional nacionalista. La expresión derechista del Brexit. ¿Recuerdan el eslogan? "Queremos recuperar a nuestro país", o Donald Trump, quien afirmó que se ocuparía de aquellos que Wall Street dejó de lado. Bolsonaro, Modi, Le Pen, Salvini, Orban.

Es así que, por primera vez desde la Segunda Guerra Mundial, la gran contienda política no se dio entre el *establishment* y una variedad de movimientos progresistas, sino entre diferentes partes del *establishment* autoritario: una parte se presenta como incondicional de la democracia liberal, la otra, como la representante de la democracia iliberal. Por supuesto, esta contienda entre el *establishment* liberal y la internacional nacionalista fue completamente ilusoria. Macron, el presidente de Francia, necesitaba a Le Pen, sin quien nunca se habría convertido en presidente. Y Marine Le Pen necesitaba a Macron y al *establishment* liberal, cuyas políticas de austeridad avivaban la llama del descontento que la convertía en actora política.

Sin embargo, el hecho de que el *establishment* liberal y la internacional nacionalista fueran en realidad cómplices no significa que el conflicto cultural y personal entre ellos no fuera auténtico. La contienda era "auténtica", por ejemplo, entre Hillary Clinton y Donald Trump, a pesar de la falta de una diferencia política real entre ellos. Por ejemplo, cuando Trump se mudó a la Casa Blanca, en lugar de drenar el pantano, contrató profesionales de Wall Street y los puso en el Departamento del Tesoro. Por lo tanto, a pesar de esta diferencia política inexistente entre ellos, la auténtica contienda entre estas figuras hizo casi imposible que los progresistas fueran escuchados debido a la cacofonía que provocó el conflicto.

Es por ello, amigos míos, que necesitamos una Internacional Progresista. Porque **la falsa oposición entre las dos variantes del autoritarismo gemelo (el *establishment* liberal y la internacional nacionalista) amenaza a la humanidad, ya que nos atrapa en una agenda de normalidad que destruye los proyectos de vida y desperdicia las oportunidades de poner fin al cambio climático.**

¿Cómo podemos superar la opresión del autoritarismo gemelo? Recordemos nuestras derrotas en Grecia en julio de 2015, cuando tuvo lugar una rebelión progresista prometedora contra la "austeridad para el pueblo" y los "rescates para la oligarquía". O bien el exitoso socavamiento de Jeremy Corbyn y Bernie Sanders dentro de sus propios partidos. Corbyn y Bernie Sanders, como les sucedió a los líderes progresistas populares de Brasil, Bolivia y Ecuador, fueron expulsados de la contienda política. Observemos el modo en que se coloca un velo de silencio sobre las valientes luchas por la autodeterminación de innumerables comunidades en África y la India. Analicemos atentamente este sinnúmero de derrotas. Seguramente coincidamos en que solo una Internacional Progresista eficaz y bien organizada podría prevenirlas.

Compañeros, ¿acaso no ha llegado el momento de que los progresistas emulen a los banqueros y fascistas de la siguiente manera: mediante el uso, la implementación y la reactivación del internacionalismo? ¿Acaso no es momento de seguir su ejemplo, de unirnos más allá de las fronteras mediante una agenda común, de crear una narrativa común, de poner nuestras capacidades al servicio de la misma agenda a favor de la mayoría, de implementar un plan de inversión conjunta para salvar el planeta? Este es el momento.

Creo que ha llegado. Ahora es momento de formar una Internacional Progresista eficaz y exitosa, o compartiremos la culpa del fracaso de la humanidad en servir a las personas y al planeta.

Pero, escucho que muchos de ustedes preguntan: "¿qué implica la Internacional Progresista en términos prácticos?". "¿Qué significa en la práctica?". Si bien un proyecto tan grande no puede basarse en un modelo ajeno y debe construirse de manera orgánica y democrática a través de la colaboración masiva de ideas, una cosa está clara, al menos para mí: la Internacional Progresista no tendrá éxito si simplemente emula esfuerzos, como el Foro Social Mundial o el formato de discusión abierta brillante de *Occupy Wall Street* o de los "indignados", que brindó una plataforma para que todos se expresaran.

Necesitamos algo de lo que carecieron los primeros intentos de unir a los progresistas: un programa común y un plan de acción colectiva.

Ya he hablado a favor de confrontar el internacionalismo de los banqueros y los fascistas con un internacionalismo progresista. No olvidemos que los fascistas y los banqueros tienen un programa común. Ya sea que hablemos con un banquero en Chile o con uno en Suiza, escucharemos la misma historia: que la ingeniería financiera proporciona el capital necesario para invertir en todo lo que necesitamos, que la privatización es una necesidad que solo los tontos y los pensadores irracionales disputan, que es necesario ofrecer a los inversores certeza frente a las legislaturas, los populistas, los parlamentos y los tribunales locales. De manera similar, cada vez que hablamos con un miembro de la internacional nacionalista, escuchamos la misma historia: que las cercas fronterizas electrificadas son esenciales para las democracias soberanas, que el trabajo migrante amenaza nuestra cultura y nuestro sistema de bienestar social, que es importante proteger a los nativos al mismo tiempo que se dificulta la vida de aquellos considerados ciudadanos menos leales o dignos, o que profesan la religión equivocada. Mi punto es el siguiente. Los progresistas también necesitan un programa común. También debemos tener un solo discurso con una misma voz humanista y programática en todo el mundo.

Por supuesto, el discurso no sirve un propósito si no está respaldado por la acción. El *establishment* liberal no tiene este problema, ya que gobierna en casi todas partes y, aunque no sea parte real del gobierno, ciertamente está en el poder. Las acciones de sus políticos, burócratas y banqueros tienen un impacto en el mundo cada segundo del día, de manera permanente y consistente para promover su propio programa común colectivo. La internacional nacionalista también influye en el mundo. Ya sea a través de la violencia en las calles de Portland o de El Pireo, o mediante las políticas de Trump, Bolsonaro y Modi, siempre actúan en total armonía con su agenda común misantrópica, xenófoba y reaccionaria. Tenemos que emularlos también en este sentido: tenemos que planificar y llevar a cabo acciones colectivas.

En resumen, la Internacional Progresista necesita dos cosas: un programa común y un plan de acción colectiva poco común.

¿Qué plan de acción colectiva deberíamos concebir?

¿Recuerdan a Chris Smalls, que solía trabajar en un depósito de Amazon en algún lugar de Nueva Jersey? Saltó momentáneamente a la fama, y luego se reveló que, después de haberlo despedido por organizar una protesta contra las condiciones antihigiénicas del depósito donde trabajaba, los poderosos directores de Amazon pasaron una larga teleconferencia planeando el asesinato de su personaje. A pesar de que un número considerable de figuras públicas se pronunció en defensa de Chris, el furor no tuvo ningún efecto. El confinamiento enriqueció a Amazon, lo hizo más fuerte e influyente que nunca. En cuanto a Chris, una vez que sus cinco minutos de fama se desvanecieron, continuó desempleado y vilipendiado.

¿Qué debería hacer la Internacional Progresista? Si ya nos hubiéramos establecido de manera sólida como organización en el pasado, ¿qué debería hacer para marcar la diferencia? Podríamos convocar un Día de Inacción global, algún día de la semana o del mes, en el que les pediríamos a los ciudadanos del mundo que no visitaran el sitio web de Amazon solo durante ese día. No visitar un sitio web durante un día no sería costoso, incluso para los grandes usuarios de Amazon, pero el costo para Amazon sería muy significativo.

Este podría ser un buen punto de partida: identificar a las empresas multinacionales que abusan de los trabajadores a nivel local y apuntar contra ellos a nivel mundial utilizando la gran disparidad entre el costo que significaría para los participantes de tales acciones y los costos para dichas empresas. Luego, en una segunda fase, podríamos combinar estos Días de Inacción de los consumidores con los Días de Acción de los sindicatos a nivel local, dirigidos a las empresas y compañías afiliadas.

La perspectiva de tal acción global en apoyo de los trabajadores o comunidades locales tiene un alcance inmenso. Con una comunicación y planificación inteligente, las personas de todo el mundo, de forma popular, podrían incorporar tales acciones y campañas para sentir que contribuyen a hacer del mundo un lugar más libre y más justo.

¿Cómo debería ser nuestro plan común? ¿Por qué deberíamos luchar?

La buena noticia es que tenemos una gran variedad de *Green New Deals* entre los que podemos elegir. Sin embargo, **si bien cada uno propone ideas útiles, es necesario sintetizarlas**

en un plan global, coherente y coordinado a nivel internacional, un *Green New Deal* que sea común a todos los progresistas.

Sabemos lo que debemos hacer, lo que debe ser parte integral de esta red internacional. Necesitamos que la generación de energía cambie por completo de modo que se reemplace el consumo de combustibles fósiles por el de energías renovables. Necesitamos que el transporte terrestre sea eléctrico, mientras que el transporte aéreo y el transporte marítimo deben recurrir a nuevos combustibles sin carbono, como el hidrógeno. La producción de carne debe disminuir de forma significativa, y debemos hacer un mayor énfasis en los cultivos de plantas orgánicas. Necesitamos límites estrictos al crecimiento físico (desde la producción de toxinas y CO2 hasta el cemento).

También sabemos que todo esto costará al menos USD 8 trillones anuales. Necesitamos crear, visualizar y planificar instituciones que coordinen los diversos trabajos y distribuyan los costos y los beneficios entre el Norte global y el Sur global. Sin duda, la tarea parece enorme. En un mundo donde incluso el modesto Acuerdo de París está hecho trizas, es muy fácil rendirse y que triunfe la desesperanza.

Esta es precisamente la razón por la que necesitamos una narrativa del *New Deal* a escala global. Franklin D. Roosevelt tuvo éxito en 1933 porque llegó en el momento en que las uvas de la ira "se están llenando y se vuelven pesadas, listas para la vendimia". Su singular logro fue dirigirse a las personas que se habían rendido para inspirar en ellas la esperanza de que, sorprendentemente, existía una alternativa, que hay formas de utilizar recursos inactivos, como enormes montañas de dinero en efectivo que no se usan, e invertirlos en el servicio público. El éxito del *New Deal* fue presentar un plan que tenía sentido para quienes habían perdido la esperanza y ofrecerles oportunidades a los emprendedores. Se trató de un plan que cambió el marco con el que la mayoría de las personas valoraba sus circunstancias y capacidades colectivas.

Las cuestiones clave con respecto a la financiación y distribución también se pueden responder a través de este nuevo marco. Los USD 8 trillones que necesitamos anualmente se pueden financiar tanto con fuentes públicas como privadas. Las finanzas públicas, al igual que en el *New Deal* original, deben involucrar instrumentos financieros como bonos transnacionales e impuestos neutrales a las ganancias sobre el carbono, para que el dinero recaudado de los impuestos al diesel pueda ser devuelto a los ciudadanos más pobres que dependen de los automóviles diesel, para así fortalecerlos en general y también permitirles comprar un automóvil eléctrico.

Mientras tanto, ¿cómo derrotamos la evasión fiscal sin una tasa impositiva corporativa efectiva mínima global, es decir, el internacionalismo, una tasa impositiva corporativa mínima del 25%, que luego se redistribuya en todo el mundo teniendo en cuenta la distribución geográfica de las ventas que generan las multinacionales?

Para invertir estos recursos en inversiones ecológicas, necesitamos nuevas organizaciones, como una nueva Organización para la Cooperación Ambiental de Emergencia (OEEC), homónima de la OEEC original que se utilizó en la década de los cincuenta para canalizar la financiación del Plan Marshall hacia Europa con el fin de reconstruir el continente. Esta vez no reconstruiremos, sino que construiremos nuevas tecnologías verdes, será una transición verde.

No reconstruiremos la contaminante industria marrón. La OEEC, por lo tanto, combinaría la capacidad intelectual de la comunidad científica internacional en algo así como un Proyecto Manhattan verde, que en lugar producir asesinatos en masa, tendría como objetivo evitar la extinción.

Si somos aún más ambiciosos, la Internacional Progresista podría proponer una Unión de Compensación Monetaria Internacional, del tipo que sugirió John Maynard Keynes durante la conferencia de Bretton Woods en 1944, que incluiría restricciones bien diseñadas a los movimientos de capital. Al reequilibrar los salarios, el comercio y las finanzas a escala mundial, tanto la migración involuntaria como el desempleo involuntario retrocederían, y se pondría fin al pánico moral con respecto al derecho humano a movernos libremente por el planeta.

La necesidad de una agenda común y un plan de acción colectivo común implica que la Internacional Progresista debe incluir una organización internacional. La gran pregunta para todos los involucrados en la magnífica iniciativa de la Internacional Progresista es la siguiente: ¿cómo podemos crear esta organización esencial sin convertirnos en presa de los escollos organizativos habituales, como la burocracia, la exclusión, los juegos de poder que tienen lugar dentro de nuestras organizaciones?

Esta es una pregunta difícil, para la que no tengo respuesta, y que los miembros del Consejo de la Internacional Progresista deben abordar. Sin embargo, no tener una respuesta a esta altura es algo bueno, ya que debemos descubrirla juntos. Debemos buscar financiación de manera colectiva, colaborar de forma masiva, cocrear.

El único punto que quiero señalar en este momento es que la dificultad de responder a esta pregunta sobre cómo establecer una organización eficaz no es excusa para no continuar. Los banqueros y los fascistas han encontrado respuestas.

Para nosotros los progresistas, que tenemos una aversión natural a las jerarquías, las burocracias y las usurpaciones del patriarcado y el paternalismo, es más difícil lograrlo. Se nos dificulta organizarnos a escala global, pero tenemos el deber de encontrar respuestas.

Compañeros:

Algunos dicen que el momento de un *Green New Deal* llegó, pero se desvaneció, que ya es demasiado tarde, que el capitalismo no se puede civilizar, domesticar ni volver compatible con la supervivencia de la humanidad. Debo admitir que estoy de acuerdo con ellos, al menos en parte. Necesitamos un *Green New Deal* internacional, no me cabe duda. Pero creo que no es suficiente.

Recordemos lo que sucedió el 12 de agosto de 2020, el día en que se conoció la noticia de que la economía británica había sufrido su mayor caída en la historia, más del 20% a nivel nacional. ¡La Bolsa de Valores de Londres se disparó más del 2%! Ocurrieron acontecimientos similares en Wall Street. Observemos los mercados financieros de todo el mundo. Les está yendo bastante bien para ser un momento de gran padecimiento para los trabajadores y el capital industrial. En otras palabras, el mundo del dinero y las finanzas está desasociado del mundo de la producción, se ha socavado a sí mismo a tal punto que quizás hemos entrado en la era de lo que llamo poscapitalismo. Por supuesto, no es el poscapitalismo con el que, como progresistas y socialistas, soñamos alguna vez.

Nuestra Internacional Progresista debe tener en cuenta seriamente la posibilidad de que no solo valga la pena terminar con el capitalismo por las válidas razones progresistas y socialistas, sino, lo que es más urgente, debe considerar que

el capitalismo sufre un espasmo y está dando lugar a un poscapitalismo distópico en este mismo momento.

Si estoy en lo cierto al respecto, incluso los miembros de la Internacional Progresista que albergan esperanzas de civilizar el capitalismo, deben considerar la posibilidad de que la Internacional Progresista tenga el deber de mirar más allá del capitalismo, de hecho, de planificar un poscapitalismo humanista decente.

Si bien este no es el momento ni el lugar para planificar el poscapitalismo, es útil imaginar cómo podría ser un mundo poscapitalista. Si carece de la capacidad de imaginar lo que vendrá después del capitalismo, en combinación con el *Green New Deal* internacional, la Internacional Progresista no podrá inspirar a los más viejos, que necesitamos que se promueva la esperanza, ni a la generación de jóvenes que busca una visión por la que valga la pena luchar.

En un libro que se publicó esta semana, llamado *Another Now*, trato de imaginar que mi generación respondió en 2008 al colapso de los mercados financieros. Seamos creativos e imaginemos que organizamos pacíficamente una revolución de alta tecnología que condujo a una democracia económica poscapitalista. ¿Cómo sería?

Para ser atractivo, nuestro poscapitalismo debería presentar mercados de bienes y servicios. La alternativa a tener mercados para las patatas es un sistema de racionamiento de tipo soviético que otorga poder arbitrario al peor de los burócratas. Es demasiado triste imaginarlo. Pero para que haya un mercado a prueba de crisis y no misantrópico, el socialismo no puede permitirse presentar el siguiente tipo de mercado: el mercado laboral. ¿Por qué? Porque, una vez que el tiempo de trabajo tiene un precio de alquiler, el mecanismo del mercado empuja inexorablemente el precio hacia abajo y mercantiliza todos los aspectos del trabajo y, en la era de Facebook, incluso aspectos del ocio. Cuanto mayor sea el éxito del sistema en este aspecto, menor será el valor de cambio de cada unidad de producción que genera, menor será la tasa de ganancia promedio y, en última instancia, más pronto ocurrirá la próxima crisis capitalista.

¿Puede funcionar una economía avanzada sin mercados laborales? Por supuesto que sí. Enmendar la ley corporativa para convertir a todos los empleados en socios igualitarios, otorgándoles un voto no negociable por persona, una acción por persona, es una propuesta tan radical hoy como lo fue el sufragio universal en el siglo XIX.

Al otorgar a los empleados el derecho a voto, una idea propuesta por los primeros anarcosindicalistas en la década de 1920, se pone fin a la distinción entre salarios y ganancias, y las nuevas herramientas de colaboración digital están listas para eliminar todas las ineficiencias que, de otro modo, obstaculizarían las perspectivas de una corporación gestionada democráticamente. La posibilidad de un proceso de producción de vida económica democratizado se vuelve distinta, lo que provocaría la desaparición de los mercados de acciones y la necesidad de una deuda gigantesca para financiar fusiones y adquisiciones.

Los bancos centrales, que brindan a todos los ciudadanos de su país una cuenta bancaria digital gratuita, están pensando en hacerlo bajo el capitalismo. Una vez que desaparezca el apalancamiento de la deuda de las fusiones y adquisiciones vinculadas a los mercados de acciones y la banca personal, ¿de qué servirán los bancos? ¿También desaparecerán? Goldman Sachs y otros grupos similares se extinguirán, sin que siquiera necesitemos prohibirlos legalmente.

¿Qué pasaría si lleváramos esta idea más allá y propusiéramos que el banco central también acreditara a cada una de esas cuentas un estipendio mensual fijo (un dividendo básico universal)? Como todos usarían su cuenta del banco central para realizar pagos internos, la mayor parte del dinero acuñado por el banco central se transferirá a su libro de contabilidad. Además, el banco central podría otorgar una cierta cantidad de dinero a todos los recién nacidos, un fondo fiduciario que utilizarían al cumplir 18 años.

Por lo tanto, las personas en el sistema de mercado, el sistema de mercado socialista poscapitalista, recibirían dos tipos de ingresos. Por un lado, dinero que ingresa como dividendos sociales y que proviene de la participación en las ganancias por trabajar en una empresa corposindicalista. En esta economía, ¿cómo se financiaría el gobierno? No se necesitarían más los impuestos a las ganancias, no se necesitarían más los impuestos sobre las ventas. En cambio, tres tipos de impuestos financiarían esta clase de gobierno. Primero, un impuesto a todas las empresas, que serían cooperativas, solo sobre el 5% de sus ingresos. En segundo lugar, un impuesto al carbono. Siempre lo necesitaremos hasta que logremos una economía con cero emisiones de carbono. Y en tercer lugar, el producto del arrendamiento de tierras (que pertenecería en su totalidad a la comunidad) para uso privado y por tiempo limitado, cuyo alquiler también iría a la comunidad.

Una vez que se incorpora este principio, un modelo socialista de mercado surge por sí solo.

Cuando están liberadas del poder corporativo, de la indignidad impuesta a los necesitados por parte del Estado de bienestar y de la tiranía de la contienda entre ganancias y salarios, las personas y las comunidades pueden comenzar a imaginar nuevas formas de desplegar sus talentos y creatividad.

En resumen, frente a la onerosa tarea de luchar contra los autoritarismos gemelos, los progresistas necesitamos un plan, una organización común y una voluntad común de concebir el poscapitalismo juntos. Nuestra Internacional Progresista es una oportunidad única para satisfacer estas tres necesidades. En todo el mundo. Podemos hacerlo.